An Bogha Báistí

An chéad chló 2014

An dara cló 2015

ISBN 978-0-956501-65-3

© 2015 Frankie Leonard

© 2015 Niamh Leonard

Arna dhearadh ag Sinéad Ní Chadhain

Arna fhoilsiú ag Éabhlóid 2015

Gach ceart ar cosaint

Foras na Gaeilge

Tá Éabhlóid buíoch d'Fhoras na Gaeilge
as tacaíocht airgeadais a chur ar fáil.

ÉABHLÓID

Éabhlóid
eolas@eabhloid.com   Gaoth Dobhair   www.eabhloid.com
Tír Chonaill

An Bogha Báistí

Dánta do pháistí

arna scríobh ag
Frankie Leonard

arna mhaisiú ag
Niamh Leonard

Clár

Bogha Báistí 1
Cois Trá 2
An Bháisteach 4
An Meaisín ag Ní 5
Éadaí ar an Líne 6
Mo Chóta 7
Timpiste 8
An Geimhreadh 9
Éadaí 10
Dóchas 11
Gaoth ag Éirí 12
An Fháinleog 13
Port an Fhómhair 14
An Fómhar 15
An Préachán 16
Crainn ar Dhá Thaobh den mBóthar 17
Cá nDeachaigh Seán? 18
An Fear Buí 19
Scéal na Nollag 20
An Chéad Lá ar Scoil 21
Aithris 22
Cat agus Éan 24
Humptaí Dumptaí 25
Dá mBeinn Saor 26
Ó Mhaidin go hOíche 28
Deireadh Seachtaine 30

Bogha Báistí

Solas na gréine
Is braonta báistí,
Dearg, órga,
Glas agus buí.

Gorm is corcra,
Na dathanna go léir,
Bogha báistí,
Draíocht sa spéir.

Cois Trá

Tá an ghrian ag soilsiú,
Nach álainn é an lá?
Páistí cois na farraige
Ag súgradh ar an dtrá.

Tá an ghrian ag soilsiú,
Nach álainn é an lá?
Páistí ins an fharraige
Ag léimní is ag snámh.

Tá an ghrian ag soilsiú,
Nach álainn é an lá?
Páistí ar an ngaineamh
Ag tógáil na gcaisleán.

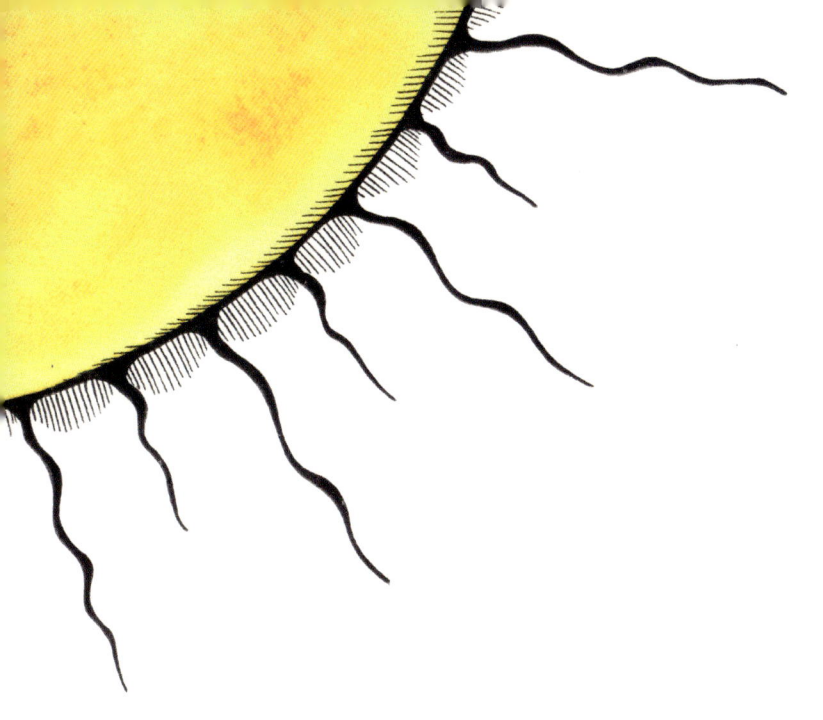

Tá an ghrian ag soilsiú,
Nach álainn é an lá?
Páistí go ciúin
Ag bailiú na sliogán.

Tá an ghrian ag ísliú,
Nárbh álainn é an lá?
Páistí sona sásta
Ag filleadh ón dtrá.

An Bháisteach

Báisteach ag titim,
Plipití, plipití, plob.
Scrios, arsa na páistí,
Stop, a bháistigh, stop.

Báisteach ag titim,
Plipití, plipití, plob.
Bhac, arsa na lachain,
Is breá linn bheith fliuch.

An Meaisín ag Ní

Éadaí ag dul timpeall,
Meaisín mór ag ní.
Ruaille, ruaille, buaille,
Uisce ag léimní.

Éadaí ag dul timpeall,
Bán, dearg agus buí.
Ruaille, ruaille, buaille,
Uisce ag léimní.

Éadaí ag dul timpeall,
Gúnaí is brístí.
Ruaille, ruaille, buaille,
Uisce ag léimní.

Éadaí ar an Líne

Éadaí ar an líne
Ag luascadh leis an ngaoth.
Bríste fada, bríste gearr
Is gúna beag buí.

Éadaí ar an líne
Ag luascadh leis an ngaoth.
Léine mhór, léine bheag
Is péire stocaí.

Éadaí ar an líne
Ag luascadh leis an ngaoth.
Braillín bán don leaba,
Casóg is geansaí.

Éadaí ar an líne
Ag luascadh leis an ngaoth.
D'éirigh stoirm mhór gaoithe
Is sciob sí na héadaí.

Mo Chóta

Féach ar mo chóta,
Cóta nua é.
Póca ar dheis,
Póca ar chlé.

Féach ar na cnaipí,
A haon, a dó, a trí.
Cheannaigh mé sa siopa é,
Siopa éadaí.

Timpiste

Síle ar an rothar,
Ag rothaíocht síos an cnoc.
A lámha ina pócaí,
Bhuail an rothar cloch.

Thit sí den rothar,
Ghortaigh sí a tóin.
Thosaigh sí ag caoineadh,
Síle bhocht, mo bhrón!

An Geimhreadh

Tá giota gealaí crochta sa spéir,
Tá an oíche ann is sioc ar an bhféar.
Tá scamaill ag rith mar chapaill sí,
Tá an geimhreadh tagtha, fuar agus liath.

Éadaí

Fionnadh ar an gcat,
Cleití ar an éan.
Olann ar an gcaora,
Is craiceann orm féin.

Ní chaitheann bó éadaí,
Ní chaitheann muc bróg.
Ní chaitheann madra faic,
Ach an ghruaig ar a thóin.

Ach, tá mé féin cráite
Ag gléasadh gach aon lá,
Ag cur orm, ag baint díom –
Ní thuigim cén fáth!

Dóchas

Dóchas, a chairde,
Bláth beag ag fás,
Plúirín bán sneachta,
Aiséirí ón mbás.

Gaoth ag Éirí

Siosarnach, siosarnach,
Gaoth bhog ag séideadh.
Caoineadh is feadaíl,
Gaoth mhór ag méadú.

Búiríl is screadaíl,
Sin stoirm ag réabadh.

An Fháinleog

Eoghainín beag aonraic
Ina shuí leis féin,
Ag machnamh ar na tíortha
I bhfad i gcéin.

Tháinig an fháinleog,
Chuir cogar ina chluais,
Is d'iarr sí ar Eoghainín
Teacht léi suas.

Chuir Eoghainín a lámha
Amach mar sciatháin,
Thug iarracht ar eitilt
Is imeacht ar fán.

Ach d'fhan a dhá choisín
Mar a bhí ar an bhféar,
Is d'imigh an fháinleog
Go brónach sa spéir.

Port an Fhómhair

Shéid an ghaoth Port an Fhómhair,
Chraith an crann is lúb a ghéaga.
Dhoirt sí duilleoga ar fud an bhóthair,
Is d'imigh ón ngort an fear mór bréige.

Chuaigh sé de léim thar gheata páirce,
Is strac an ghaoth a chóta is a léine.
Stop, arsa an feirmeoir a bhí ag piocadh prátaí,
Ach gháir an ghaoth is an fear mór bréige.

An Fómhar

Tháinig an fómhar.
Shéid an ghaoth.
Thit na duilleoga,
Dearg, donn, buí.

Fágadh an crann
Mar chnámharlach bocht,
Gan fothain ón ngaoth,
Lom agus nocht.

An Préachán

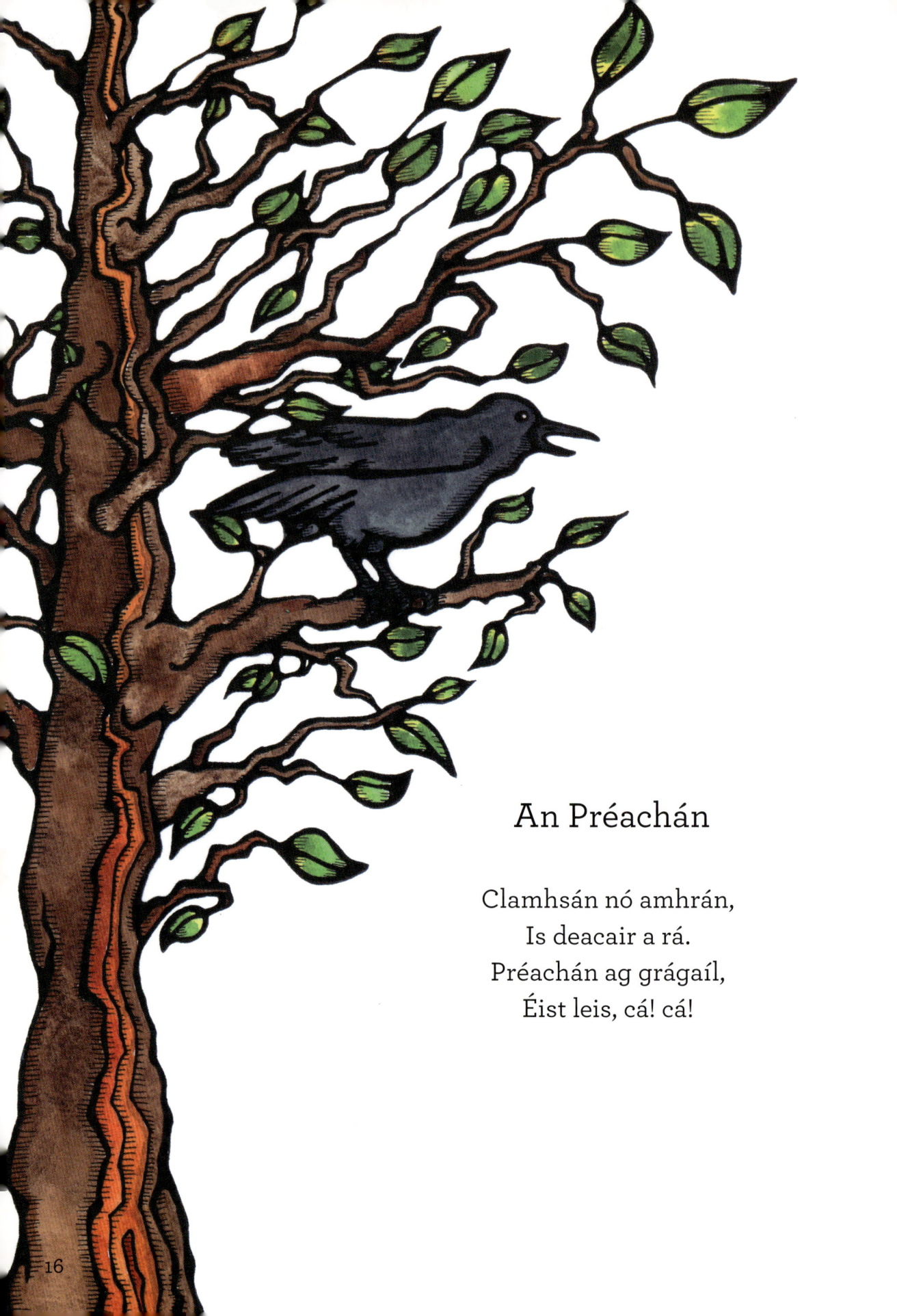

Clamhsán nó amhrán,
Is deacair a rá.
Préachán ag grágaíl,
Éist leis, cá! cá!

Crainn ar Dhá Thaobh den mBóthar

Crainn ar dhá thaobh den mbóthar,
Lúbtha le chéile ag an mbarr.
Cosán dorcha, pollta ag gatha gréine,
Tollán draíochta déanta i lár.

Scéal na Nollag

Chuir Muire an leanbh Íosa
Sa mhainséar 'na luí.
Ní raibh aici cliabhán,
Ach leaba bheag tuí.

Bhí aoirí ag faire
Is lasadh an spéir,
Tháinig na haingil
Anuas le dea-scéal.

Téigí go Beithil,
Tá Críost sa mhainséar.
Síocháin do gach duine
A dhéanann toil Dé.

Feicfidh sibh an leanbh
I stábla beag bocht.
Moladh le Dia,
Tá Críost linn anocht.

Tháinig na haoirí
Go stábla na mbó,
Chonaic siad Íosa
Is thug siad uain dó.

Bhí a fhios ag na saoithe
Gur rugadh Mac Dé,
Nuair a chonaic siad réalt
Ag lonradh sa spéir.

Lean siad an réalt
Ó thíortha i gcéin,
Is fuair siad Íosa,
An Slánaitheoir féin.

Sin scéal na Nollag
Mar a tharla fadó,
Go dtuga sé dóchas
Do dhaoine go deo.

An Chéad Lá ar Scoil

Buachaill beag faiteach,
An chéad lá ar scoil.
Suigh síos, arsa an múinteoir,
Suigh síos, le do thoil.

Ní shuífidh mé síos,
Ní maith liom an scoil,
Faigh dom mo mhamaí
Anois, le do thoil.

Aithris

Is crann mór mé
Ag fás suas, suas.
Is duilleog mé
Ag titim anuas.

Is lacha mé
Ag snámh sa loch.
Is coileach mé
Ag glaoch go moch.

Is coinín mé
Ag rith sa bhféar.
Is spideog mé,
Ag eitilt sa spéir.

Is capall mé
Ag sodar le brí.
Is leanbh beag mé
Ag dul a luí.

Cat agus Éan

Éan ar an gcrann
Ag canadh ceoil.
Mí-á-ú, arsa an cat,
Ba mhaith liom feoil.

D'éalaigh sé suas,
Ach chonaic an t-éan é.
D'eitil sé leis
Ag gáire sa spéir.

Humptaí Dumptaí

Humptaí Dumptaí
Ina shuí ar an mballa,
Tháinig an ghaoth
Agus thit sé ar an dtalamh.

Tháinig ar na capaill
Saighdiúirí an Rí
Is chonaic siad Humptaí
Sínte ina luí.

Thóg siad na píosaí,
An corp is an croí,
Is chuir siad Humptaí
Ar ais mar a bhí.

Bhí áthas ar Humptaí
Bheith arís beo.
Is ní dheachaigh sé in airde
Ar an mballa níos mó.

Dá mBeinn Saor

Dá mbeinn saor,
Ní fhanfainn sa scoil.
Rachainn abhaile
Is dhéanfainn mo thoil.

D'imeoinn cois farraige
Is thógfainn caisleáin.
D'fheicfinn na báid
Is chloisfinn faoileáin.

Shnámhfainn sna tonnta,
D'éistfinn lena nglór,
Is shiúlfainn sa ghaineamh
Go sroisfinn Aill Mhór.

D'fhanfainn im' aonar
Go rachadh an ghrian faoi,
Is d'fhillfinn abhaile,
Draíocht farraige im' chroí.

Ó Mhaidin go hOíche

D'éirigh mé go moch
Maidin inné,
Isteach liom sa chistin
Is rinne mé tae.

D'ith mé ubh
Is d'ith mé arán.
D'ól mé bainne
Is bhí mé lán.

Chuaigh mé ar scoil,
D'éist mé go cruinn,
Scríobh mé is léigh mé
Is chan mé go binn.

D'inis mé scéalta
Is d'fhoghlaim mé dán.
D'imir mé cluiche
Amuigh ag am lóin.

D'fhreagair mé ceisteanna,
Rinne mé stair.
Chruinnigh mé eolas
Ar thíortha thar lear.

Bualadh an clog
Is ligeadh mé saor.
D'imigh mé abhaile
Is d'ith mé dinnéar.

D'ith mé mo dhóthain
Is lig mé mo scíth.
D'fhéach mé ar an dteilifís
Go ndeachaigh mé a luí.

Deireadh Seachtaine

Uaigneas is ciúineas,
Seomraí gan fuaim,
Páistí ar saoire
Go dtiocfaidh an Luan.

Fillfidh an gáire,
An chaint is an gleo,
Fillfidh na páistí
Is beidh an scoil beo.